Carlos Montem

ABRIL
Y OTROS POEMAS

letras mexicanas

FONDO DE CULTURA ECONOMICA

letras mexicanas

A b r i l

y otros poemas

CARLOS MONTEMAYOR

Abril
y otros poemas

FONDO DE CULTURA ECONOMICA

MÉXICO

Primera edición, 1979

D. R. © 1978 FONDO DE CULTURA ECONÓMICA
Av. de la Universidad, 975; México 12, D. F.

ISBN 968-16-0233-1

Impreso en México

A

RUBÉN BONIFAZ NUÑO

*...si canimus **silvas**...*

I
POEMAS DE ABRIL

1

UNA lluvia tenue, fría,
apoya su neblina sobre la ciudad.
Amanece en las mismas calles, en las mismas casas.
La neblina brota como otras bocas cansadas por el sueño,
amargas por el alba que cae sobre las aceras.
La lluvia desprende su murmullo
como la cáscara de la risa en que edificamos la ciudad,
y el día empieza por fin,
decidido a silbar su canto de soltero,
el veinte de abril que despierta en su neblina
atento a la lluvia que lo sitia.
Y en alguna calle, en alguna puerta o ventana,
al sentir la lluvia desde el lecho,
deseando no haber soñado,
despertamos;
deseando que nada hubiésemos olvidado,
miramos en el lecho,
como el cuerpo entre las cobijas revueltas,
que nuestra pregunta envejece.

2

Puede resurgir entre las noches,
encontrarnos de improviso
entre los escombros de las sábanas,
la luminosa fruta que en nuestras piernas
quedó olvidada durante el sueño,
anclándonos en la esperanza de otros sueños,
protegidos en el paso sigiloso de las horas.
Puede resurgir el origen
y llegar hasta nuestros labios
y tratar, insistir en nosotros,
hasta que brote otra vez el límpido líquido
del silencio,
la transparente respiración de los años
que en vano insistirán sobre el olvido de nuestras huellas,
de nuestros amores, de nuestro insomnio huérfano,
de nuestros puños crispados sobre las brasas de la nada.

3

El mediodía asciende
con la soledad de los papeles, de los años,
con el aroma del tabaco en que cada hombre
trasmina las horas, los grumos de las palabras.
Asciende cuando el cuerpo sólo soporta
el momento que llega desde sí mismo, desde la nada,
y que en el tronco de instantes
busca su llama, sin sendas lastimadas.
El mediodía ocupa sin asombro los cuerpos, el sudor nuevo,
llega como manos que aman desde hace muchos años, ya sin sorpresa,
antes de que se disuelvan sus llamas como un bello musgo en los muros,
bajo el presentimiento incomprendido del día
que se derrumba sobre nosotros
entendamos, sobre nosotros,
amándonos desmedidamente
como las cenizas que caen desterradas del fuego.

4

Miro los árboles elevándose sobre las casas,
el árbol de trueno colmado de retoños en su tronco,
emergiendo de un cobertizo,
y sobre el muro, una hiedra antigua.
Siento el aire frío en el patio,
la presencia húmeda de la lluvia que caerá durante la noche.
Siento el paso sosegado de la tarde sobre mi cuerpo, sin prisa,
sin el movimiento de los niños que oímos dentro de la casa.
Las puertas de madera son antiguas
y en la habitación de juegos, donde hace algunos momentos
miré a una de las niñas abrazando a mi hijo,
la puerta es de cristal y madera.
Sé que él no volverá a perder
este olor viejo de la casa,
este olor antiguo de muros y de techos,
un viento de lluvia próxima golpeando en las ventanas
y el abrazo de la niña imprimiendo su aroma de seis años,
el recuerdo de seis años que hundirá sus raíces
para persistir, esfumada ya, con su olor, en sus sueños.
Y yo, mientras converso de gentes que desconozco, de amigos que
        desconocen,
de lugares que dejamos asomarse junto al sabor del café,
avanzando con el paso imperceptible con que se pudre la vida de los
        seres humanos,

siento que mientras mi padre conversaba con otros amigos,
en alguna tarde de lluvia, o en alguna mañana sin lluvia,
en alguna casa ajena de minutos íntimos, viví lo mismo;
trato de recordar y meto las manos al fondo de la niebla,
al fondo de la ropa que gastó mi cuerpo,
al fondo de las cosas y los juguetes rotos y los juguetes que no
   estuvieron conmigo,
al fondo de los días y sus vestigios,
y sólo siento una risa fugaz, su paso efímero,
su aroma cercano, sin egoísmo, rondándome
como la mujer próxima que aún no conozco, como la muerte o el amor.

5. En Tepoztlán

Desde hace varias horas, el anochecer.

Nos detenemos en este puente.

Llueve, aún llueve.

La luna mojada,

los ojos mojándose,

la ropa, la risa, la embriaguez,

los recuerdos de estos minutos,

la sensación de esta hambrienta pasión por la lluvia,

la oscuridad húmeda de los árboles

que se refugia en los oídos,

la ansiedad de esta noche y estas casas

que se refugian en el alma

y entran por los ojos sin limpiarse los pasos.

El arroyo continúa bajo la lluvia.

He hablado, he bebido sin cesar,

sin dejar que terminara la lectura

de un larguísimo, innecesario

poema de William Blake.

He visto la tormenta cuando salimos

de la casa a buscar comida.

La tormenta más hermosa del mundo,

más irrepetible que las tormentas marinas

que náufragos asombrados hayan mirado por última vez.

Mientras cenamos vi la calle inundada

como un río convulso, atormentadamente sucio.

Junto a mí, veo a un hombre empapado,

un sombrero escurriendo,

un rostro que el indígena

mantiene por una ciega fidelidad a la vida,

ojos pequeños como cristales viejos

diciendo que es más hombre que yo.

Siento campasión, furia, asco.

Nos detenemos en este puente.

Llueve, aún llueve.

Hemos dicho que la poesía

es la única manera en que aprenderemos a hablar.

La poesía es la pasión que no necesita un objeto,

es el espejo sin nadie que lo mire,

es el buscar integrar lo que siempre quedará solo.

Lo hemos dicho, sin finalidad clara.

Escucho el ruido del arroyo;

temo que este minuto muera

y que nosotros continuemos viviendo.

Miro los árboles, miro la noche en todos sitios:

entren, entren en mí,

entren en mí las sombras, la lluvia, el instante,

las piedras, el arroyo, las nubes,

las casas, las voces, la calle,

entren a confundirse con mi lluvia,

con mi ruido, con mi tierra,

con el sonido de la sangre alterada,

con el aroma fétido de mis palabras,

con el convulso cerebro que es ya inútil

para captar la caricia y tocar la tierra,

para pisar la piedra o recibir siquiera la lluvia.

Entren al cerebro y destruyan

lo que les recuerde un poema,

pisen sin miramientos

la libre y monótona ilación

de palabras, de hallazgos, de iluminaciones.

Llueve, aún llueve.

El arroyo continúa bajo la lluvia.

Si en este momento todo el mundo muriera.

6

Esta mañana de abril las calles de México
se desvisten de la sombra
y abren los brazos de par en par,
como amantes que desde hacía miles de vidas no hubieran vuelto a
poseerse,
y el día es luminoso más que las palabras,
más que los cuerpos antes de nacer,
antes de caer como cristales salados
desde el polvo frágil de los padres.
Brota como la flor de las jacarandas,
como la transparencia que volverá a tener quien regrese a la vida,
abrazado a pasados pecados.
Racimo de abril,
racimo de muchachas en horas de codicia,
de ciudades como muchachas asustadas
que se cubren la cara con la ceguera,
que se cubren los muslos con las calles bajo todos los pasos de nuestra
vida,
y los brazos con el paso del viento, y los ojos con las aves,
que se cubren los labios con el silencio, la soledad, la palabra,
que se esconden el corazón con el dinero, las ropas, las tumbas, la
esperanza,
que se cubren los pechos con la caliente caricia de nuestras noches en
el hambre y el hartazgo,

y los pies con los amantes enfurecidos en el soplo rojo
de los sexos en que este día se refleja y se pierde
en la inmensidad de los lechos, del sudor.
Abril, ¿por qué morir también este día?

7

Fiesta sobre las calles y las casas,

en nuestras plazas y nuestra espera.

Fiesta de los hombros en que se asoman el rencor y su atardecer.

Fiesta del honor que insiste en vestir a las palabras

con un ropaje desteñido que el soplo de la realidad oscurece.

Fiesta de los labios sin otras bocas que los desgasten

y los protejan del paso del silencio.

Fiesta entre los muros de noches y de mañanas, de oficinas y tiendas,

como cáscaras de frutas en que comieron la prisa y el cansancio.

Día de júbilo en que el país cierra las puertas

para quedarse a solas con su festejo,

para hundir en el pecho de los niños la semilla del silencio

en que florecieron los padres y los abuelos;

en que el país cierra las puertas

para soportar su esperanza que se pudre,

su miseria sentada a la mesa, comiendo y bebiendo,

su muerte que aprende a estrecharlo contra su pecho cada día

y lo hace sentir que el calor de ese abrazo es el recuerdo.

Cantemos esta fiesta que danza desde los nervios

y nos deja abrir la sangre, abrirla,

que arrase con la voz de sangre que nos baña,

hasta que se desentierre la vida de innumerables casas y mesas y podamos ver cuántos quedamos,

cuántos aún no han sido masacrados,

cuántos nos falta morir para que esta fiesta se acabe.

8

Es noche.

Oigo a lo lejos, sobre las calles,

el golpe solitario y humano de la lluvia cayendo a oscuras.

Mi amiga duerme a mi lado.

Tengo en las manos, bajo la lámpara encendida, un libro.

Horas antes, cuando atravesamos en automóvil las calles de México,

vimos en las esquinas familias de obreros,

ancianas, niños, esposas jóvenes

protegiendo a sus hijos bajo una cornisa,

mientras miraban pasar las luces de automóviles, de patrullas,

de camiones colmados de pasajeros,

de las horas lluviosas de la noche del veinticuatro de abril.

Antes aún, con mi hijo, estuvimos en casa de los abuelos;

él jugó a construir figuras con sus juguetes de madera,

a construir molinos de viento, gallos, dinosaurios, tortugas,

árboles quietos y duros como las piedras del mundo.

Y antes aún,

tanto como si no hubiese sido este día,

como si no hubiese sido yo, sino hace muchos años,

vi el amanecer, a solas,

surgiendo como si lo retuviera la vida,

como si su sangre fuera sólo recordar el mundo,

el susurro melodioso y oprimente de la ciudad.

Pero estoy aquí, junto a mi amiga que duerme,

bajo la lámpara encendida, a las dos de la madrugada,

oyendo la lluvia caer a ciegas desde el fondo de la noche,

destruyendo su multitud sobre las calles.

Me incorporo. Dejo la cama y atravieso las habitaciones.

Llego a la puerta. Abro. Siento el olor húmedo, la lluvia fría,

y mi cuerpo que huele a sudor y a la desnudez de mi amiga,

a los treinta años de persistir en mí,

de persistir en calles de otras ciudades,

a pesar de amigos y de recuerdos.

Miro bajo la lluvia los automóviles estacionados.

Es la lluvia que ahora me reconoce y me toca,

que se une a este instante y a este frío

por su insistencia, por su derrumbe.

La miro caer sobre esta calle, ahora, esta noche,

y detrás de mí, la casa, los libros donde el tiempo se agolpa sin lluvia,

  con sed,

donde las voces de muchos hombres se callan,

aquietadas por otro rumor que los oprime y en que se apoyan.

Y la lluvia mezcla su lodo, su negrura, su frialdad,

y como se moja mi cuerpo se mojan las calles,

como se mojan mis cabellos se mojan los que en alguna esquina cruzan

  hacia su casa,

o hacia ninguna mujer y ninguna casa.

Como se mojan mis pies se mojan los suelos sin ladrillos ni madera.

Como se moja mi vida se han de reblandecer las viviendas de México.

Como se mojan mi pensamiento y mis versos

se han de mojar los cuerpos del mundo en que la sangre persiste como
  esta lluvia,

en que la sangre persiste numerosa y sin nombre, fría y viviente,

oscura y sin esperar recompensa ni resurrección.

9

Quiero decir ahora algunas cosas que nos pasan,
recordar algunos instantes que una mentira dulce
nos hace creer que fueron nuestros para siempre.
Por ejemplo,
el sol que mucho tiempo después vuelve de otras tardes
y por vez primera enciende nuestra alma.
La luz que alguna noche nos atisbó de pronto
desde una ventana o puerta entreabierta,
como si todo allí fuese posible, aun la dicha,
bajo la cena o el dormitorio
que se empolvan quietamente en nosotros.
O aquella calle, aquel perro de ojos humanos
perdido en la noche como si amara la ciudad,
detenido en una esquina
como si quisiera retener para siempre el recuerdo de ese instante.
Las largas noches en que estuvimos oyendo, desconocidos, la misma
   lluvia.
La embriaguez en que suspendida sobre los años
apareció nuestra vida,
como un arrepentimiento sin objeto,
como si nada nuestro fuese a abandonarnos.
O el instante en que estamos sobre la hierba
y vuelve a aparecer el cielo, que no habíamos mirado desde la infancia.
Mencionar también, por ejemplo,

26

cuando sentimos que la vida huye
y quedamos para siempre a solas,
sin la huella ciertísima de los cuerpos
que tuvimos en nosotros, amando en nosotros;
la huella que otros cuerpos en el nuestro dejaron,
como queda sobre la tierra la huella de la hierba,
del sol o de las piedras.
O hablar del instante en que sentimos la vida,
en que el aire entra en nosotros,
en que la sangre tañe celebrando en nuestras venas,
en que las cosas son como pañuelos de bienvenida en nuestros ojos;
el instante en que es imposible entender
que no estemos siempre,
que no volvamos a decir a la vida
oh desmemoriada, canta siempre.
Mencionar también los instantes en que el cansancio nace,
el cansancio que es una gota caliente
que atraviesa el alma de norte a sur
sin entender qué procuramos aquí,
qué más habremos de no tener ni amar,
antes de los otros cuerpos
que desde nuestra oscuridad y abismo
acechan y esperan
en su danza solitaria y sin sentido.
Quiero hablar ahora de cada instante
como si fuesen no sólo el paso de la estrella caliente del olvido,
no sólo el paso del alba que nos despierta.
El instante en que cada mirada se torna hacia el vacío,

cuando el amor vuelve su rostro de hoguera
y nos hincamos a su vera como leños sedientos.
El instante, polvo delicado que cubre el vidrio de la vida.
El instante que se marcha
sin entender por qué, abriéndose desde la nada,
el sentimiento se hunde perdiendo sus caminos,
aferrándose a un hombre,
abandonado en nuestros días
como un ebrio que se apoya en los recuerdos.

Canto ahora el viento que arde sobre la hierba
como si fuera la huella o los amores de nuestros pasos.
El viento que comienza con el día, con un sonido antiguo,
con un dolor hermoso como tus labios.
El viento que palpa los muros y los pensamientos
y no quiere escuchar lo que se impugna a la vida.
Que perseguido renace como una gota en los ojos que ya no lloran,
o como alas que reposan.
Que impregna los ojos cálidos de los que ven por primera vez la luz
y creen que mueren, mas sólo han nacido;
los ojos que besan por primera vez la vida
y creen que duermen, pero sólo es el aroma
del primer instante en que mueren.
Viento que levanta las mismas caricias entre millares de cuerpos,
atravesando los mismos paisajes pobres y mortales.
Viento que en su olvidado abismo renace
sin obstáculo, sin arrepentimiento,
fustigándose en ásperas rocas donde termina la espuma.
Ven, viento, entra con el hombre que reposa en la noche
como los leños en la hoguera,
Ven con el descanso de que nada perdure,
con el trabajo de que nada nos retenga,
de que nadie vuelva a creer vez alguna.
Toma la cabeza ardiendo del que regresa

y no quiere abrir la misma casa.

Toma al hombre de la ciudad que no conoceré,

busca la frescura en la marcha de la muerte,

e instaura por fin una noche donde cada cual conozca lo que vino
    a ser,

lo que aquí no podrá ser jamás.

II
LAS ARMAS Y EL POLVO

Arma virumque cano, Troiae qui primus ab oris
Italiam fato profugus...

VIRGILIO

1

¿PARA qué fundar nuevas ciudades?
En nuestro retraso ha de nacer algo valioso.

Hoy va la mujer en los labios y el alma,
para que no quede abandonada, Eneas.
Nuestros padres fundan ciudades que no entienden.

¿Para qué llegar a la cuna de los dardánidas?
Es tan hermoso ver la vida pudrirse en un mismo cuerpo.

Carga ahora tus dioses en la espalda;
carga los escombros de los padres;
pisa las venas de los laberintos
en que la sangre se aturde y nos estremece,
cuando la resaca cunde en los ojos,
cuando estallan como el mar las ciudades, los días, los fracasos.

2

Este sueño que palpa una cicatriz que aún no aparece.
Este enfermo goce que se llama la mente.
Este no persuadirme de que presencio en la idea
algo más que un débil vapor de tierra y sangre.
Sobre el viento arde la estación sin cenizas ni cuerpo,
como la hierba arde bajo la tierra.

Miro la calle,
la parte de ciudad en que persisto,
donde el anillo de las vidas es fresco y triste.
Miro la estación que llega,
la corriente del tiempo secando la ternura.
En otro tiempo he estado aquí.

3

¿Qué bocado insípido recorre la vida
hasta impregnarse de sabor?
¿Qué eco intenta decir al oído algo nuevo?
No hay nombres para conocernos,
nadie que se arrepienta de la soledad para siempre.
Te camino, te comprendo, Cartago.
Soy el instinto de vivir lo que vivo.

4

Canto nuestras armas:

el olvido, la amargura, el amor, la furia, la carne,

el envejecer del alma y del tiempo.

Armas que nos desvanecen

para quedar vacíos, inasibles y desterrados;

que se desgastan

como los gajos de una naranja

y en la boca saben a polvo, a recuerdos.

Canto los días que no viví, o los que ya viví,

sus muchos trabajos que me oscurecieron la vida, las caricias,

impidiéndome, con su memoria, amarte como la primera vez.

Canto al hombre prófugo de sí,

de su casa, de su amor, de su paz,

al hombre que carga sus universos destruidos

y lava en ellos sus ojos, sus labios,

y nunca cesa de olvidar.

Que el mar arroje una ola y nos cubra

con sus labios que no han bebido agua dulce durante muchos años,

que palpe la cicatriz de los días

pudriéndose en nuestro cuerpo,

el amanecer que no permanece.

La guerra de vagar en medio de las calles

como si no hubiera calles, como si no hubiera soledad,

como si la muchedumbre fuese el abrazo o la risa.

La guerra asequible de que algo nos falta en el día.

Ser todo lo que no siente y lo que siente,

el eco de los ecos del viento

y las gaviotas hechas de espuma de olas que aprenden a volar

y se estrellan en los ojos con un ruido de aletazos,

un ruido de armas que se golpean y desmenuzadas se oxidan

en nuestra carne y su olvido.

5

Déjame recobrar la memoria del cuerpo,

su rigurosa finitud.

Déjame salvar nuestros cuerpos de sus raíces,

abatir los árboles que no soportan ya el peso del alma

y buscan su polvo, su semen de tiempo y su metamorfosis.

Colma de calor mis lágrimas,

que no abrasen el tiempo,

que no fecunden las entrañas

y me llenen de yerba, de ecos,

y hagan más insípido mi nombre.

Come de mí, de mis manos, de mi cuerpo,

quítame esta mesa inacabable

donde estoy abandonado,

muerde este sabor, estos labios, estos dientes,

muerde mi lengua hasta que aprenda a hablar,

hasta que me duela hablar

y estallen mis palabras

y para siempre se sientan.

Quítame esta espuma que siempre me persigue

y dame tu conmoción.

Aparta lo que no seas tú,

lo que no sea tu sudor, tu olor,

tu espasmo que me aturde

como la nave que no vuelve a salir del sepulcro del mar.

Tanto destierro hay en mi carne,
en mi ancla corrompida por la sal de la carne.
Ven, enfréntate a mí,
no puedo estar expuesto a solas y morir
si no estás combatiendo con tu dulzura, tu furia,
en esta llama de la carne
en que los labios se llenan sin necesidad de palabras:
enfréntate, no dejes que este amor
se vuelva y me destruya.
Mi lascivia hiere, entra
como una pregunta aturdida siempre sin necesitar respuesta,
sino sólo ser, sentir.
La luz y las llamas no existen,
son tu piel y mi piel quemándose más allá del contacto,
como el vacío;
transcurso y furia caen, nos deshacen, nos recobran,
y el canto se torna una amarga conciencia y memoria:
mi carne.
No tengo conciencia:
eres un espejo que me acosa, me fustiga, me oprime
la frente, la respiración, la boca:
y tu saliva es un bautismo tardío y siempre reciente,
el agua que destruye la sed
y mi sudor en vano la combate.
Deja ahora quitarme las ideas que me cubren como velos,
quiero verte sin nada sobre mí,
quitarme la voz y sólo dejar en los labios
el tallo trunco donde me derrame y bese;

quitarme las ideas que oscurecen mi cuerpo

como si estuviese de luto:

nada quiero conmemorar en mi alma,

nada quiero lamentar en mi cuerpo,

nada busco sino la libertad de mis sensaciones y su luz.

Sin este amor

mi lascivia sería soledad.

Deja quitarme esta soga de mis límites,

quitarme la ropa de carne, de hueso, de idea,

y sentirme a la intemperie de la vida.

Cantar así,

los dos así, en la intemperie,

y que la música sea los nervios, la sangre que se pierde y retorna.

Oh mía, fuego mío,

que la inundación de la música nos consuma,

que este incendio en sus mismas llamas se abandone

y que en mi ceguera estalle la luz de las manos, de la piel, del espasmo,

los cuerpos, la noche, la vida irrepetible que no quiere volver a ser.

III
POEMAS

¡Como caíste de los cielos, oh Lucero, hijo de la mañana!

ISAÍAS 14:12

Y la gloria del Dios de Israel se alzó de sobre el querubín sobre el cual había estado, al umbral de la casa...

EZEQUIEL 9:3

Alef

CUBRE al vuelo una herida, una garganta,
lleno de asfixia abro las alas:
palomas salen de mi voz
bebiendo los recuerdos,
y aletean enloquecidas
con restos de un poema prematuro.

Beth

En esta penuria de mi conciencia,
esta comida de cada día,
arrepentido y hecho de recuerdos
clamo a mi vacío:
es mi sensación el espejo
y yo la imagen,
sin nadie que nos mire.

Guimmel

En esta permanencia
inevitable, busca una casa la vida.
Huella del ave,
mirada que nació en su vuelo
y la observa siempre, como un hermano.
Angustia de ser consumido
como alimento en mi meditación.
Tomo el velo, párpado de tinieblas
que huye de la luz
y resucita
en la inconstancia de esta permanencia.

Daleth

Aquí, en la raíz de mi finitud
perenne,
en su recurrente rumor:
¿qué es mi piel?
¿soledad y tiempo?
¿insípida flor de mi silencio y los estíos?
Gota a gota mi vida
transcurre hacia la sed:
recuperarme a través de mis siglos
y mis vidas y al fin quedar a solas.

Hei

Nace en esta dureza
mi flor.

Es esta minuciosa flor de luz
que se envejece,
impura y cálida.

Quema la huella del tiempo y el recuerdo
y todos mis olvidos:
y en ella al fin perece el tiempo
igual que un silencio, una voz y un sueño.

Florece:
un ave de su ser se asombra
y se goza,
asfixiándose en la existencia.

Vau

Ruido de flautas, piedras, viento
en mi cabeza,
y al entrar el árbol en el carro una nube
colma las puertas:
y mueve su incendio la multitud,
y una piedra humedece con la luz mis labios;
un águila y su plumaje se devoran,
nacen en llamaradas.
Fluye en su río la memoria que contemplo,
y me desteje
el terror y la bienaventuranza.

Zain

Luz: soledad,

peregrinaje.

Flor de llamas que se convierte

en un diamante

para que en su fuente los ojos bañen su sed.

Una raíz: nos envuelve la vida.

En sí mismo se exalta

un esplendor,

y permanece

en la flor y en el fuego:

la perfección es una soledad.

Heth

Purificado, vuelvo
afanoso a pecar:
renazco en solitaria muerte
sin ser definitivo:
haber para siempre nacido
o que no hubiese podido nacer,
quedar puro, sin estigma de vida.

Teth

Despertarás por un rumor
de palabras intactas y olvidadas,
sin sentir que has hablado,
desprovisto de deseo o de hastío,
irreparable como la virtud.

Yod

Salgo del fuego y el oro surge de mi llama,
se disuelve el mercurio,
se exalta, se absuelve idéntico al fin
y caigo enardecido como hoguera
en la erección de mi conocimiento
durante las moradas sucesivas.

Kaf

Este acoso de un suicidio instintivo,
esta inadvertida constancia
en que la vida se despeña
      antes del término
para besar mi olvido,
el silencio que en mi boca
insiste con la bendición y culpa.

Un inaudible nombre
pronuncio:
      expande su silencio,
su origen y vacío,
como un iluminado busca paz.

Lamed

Hay en mi pensamiento
una flor del olvido, sin aroma.
El vacío se hunde cada día en sí mismo,
como un iluminado:
y baja el párpado una y otra vez
sobre la memoria,
intermitencia de la vida,
como un cuchillo ritual sobre sangre ritual
en la noche que se hace estrellas y sacrificado.

Mem

Una flor, al envejecer, mi carne olvida,
flor de llamas que a mi voz acerco,
a mis palabras,
anterior a todo lugar y raíz.
Al florecer se extingue, vez tras vez,
y busca impedir así que para siempre me pierda
como el alba y la piedad
y me torne el umbral incandescente.

Nun

Llamas de mi constancia,
inclementes palabras
que en la mente y el olvido se encierran.
Escribo el bien y el mal,
nace de mi boca el destino
como un resucitado sueño o calma,
y en cada oído se queda a insistir.
Ya brota un fuego herido,
baña mis labios
sin apiadarse, y nace
en su cauce herido
el bálsamo imperioso e inútil
de mi poema.

Samej

Ave que se desprende y se contempla,
y en otro rostro mira su vuelo y el vacío,
su bicéfala alma;
cierra los ojos y mira volar
                una parvada de recuerdos;
y en soledad
el final hallazgo, mi rostro único;
ojos que abro al cerrarlos:
                noche, aurora.

Ain

Un vocablo común, repetitivo,
lastima mi espíritu.
La luz inflama de voz el silencio
y a mi memoria
se prende, enamorada de nacer.
Otra conciencia que la mire
busca en medio de la sangre,
besa el recuerdo,
su esperma,
y lo vierte, nace vistiéndose de conciencia
y cayendo en rotativa memoria.

Pe

Ahora, amada,

cuando incendiado

no retiene mi cuerpo tu contorno,

ahora que estallada mi conciencia

no recuerda la soledad del cuerpo

y con tu espasmo dulce

descubro tu belleza.

Ahora,

cuando invado tu espíritu

—un minero de polen—

y me esparzo:

porque al amarnos somos un andrógino

que en su tallo y sus pétalos

medita enloquecido,

fecundándose.

Tzade

Es el lugar:
es la sensualidad y la pureza,
el desconocimiento y el amor.
Es donde se copulan nuestros padres
y nace la vida.
Donde el país se funda,
en esta calle principal que se llamará
linaje,
donde cada uno a su vez
dará de la bendición su parte.

Qof

Se torna el lugar una mirada:

no hay asidero

y se derrama de sí mismo

en todos sitios;

se convierte en el ojo y al fin observa:

hay un peregrinaje en el camino,

la noche que precede a cada aurora

(el ojo, al ver, se hace infinito).

Crepúsculos y días germinan

su esperanza.

Una imagen se forma en la retina,

inunda el iris, el frágil espejo

que se empaña con un vaho de fin y de principio,

esa voz de Dios, ubre de lugares.

Resh

Sin atractivo, el árbol de la vida
cambia el follaje; quita los sonidos
antiguos y desprende su corteza
un olor fermentado de la savia.
Crisálidas de sueño que llegaron
más allá de ese sueño, hasta el amor
y la hermosura, luego a la armonía
y la crucifixión, la previa sede.
Palabras, ramas, troncos, me florecen:
despiertan en diez frutas luminosas:
las esferas nocturnas dan su voz
en millares de astillas y de savia,
gemelas en extremos y en abismos;
los fuegos fatuos ruedan en la lengua,
y una música entrega su distancia
y revela el amanecer y el guardia;
y el peregrinaje comienza a unir
su luz con el pasado y el futuro
y el linaje de todas las estrellas.
Una esfera en la esfera, enamorada
de sí misma, luce llena de espejos
su paisaje infinito y su belleza.

Shin

Desnudas, las raíces de la vida
igual que una mujer de luz se mojan
y en la fugacidad el universo
me revela su cópula incesante
de incendio, de cuerpo y de pensamiento.
Después, ahora, vuelve a devorarme
la vida y la belleza, pues retorno
otra vez arrojado de los cielos;
me deslizo gozándome, en el árbol,
en esferas gemelas, en caminos,
y un rumor de la música que vuelve.
En sus ramas nocturnas la palabra
se detiene, retrocede y se aova,
como la oruga que presiente el fin
y perece en la euforia de nacer.

Tau

Es mi lugar

una respiración

sin aroma de tierra,

un sueño sin oscuridad,

sin principio ni fin,

una pregunta por la palabra y por la luz,

una voz sin linaje ni recuerdos.

Quema su inconstancia la llama,

ningún viento la mueve,

arde minuciosa y tenaz

como la flor

en su tallo y belleza.

Espiga

de niños y de ángeles.

La aurora, tacto de violetas,

unge mi frente,

y miro:

El esplendor

unge el umbral

y al varón de los lienzos:

está en su cintura la escribanía,

mojada en el mar de bronce.

La señal en la frente

y en los labios el sueño,

la luz, la nueva ciudad,
el nombre:
la palabra que me destruye
y me deja nacer, la que pronuncio
y sin embargo permanece.

IV
ELEGÍA DE TLATELOLCO (1968)

...todo bajo el cielo tiene su tiempo:
tiempo de nacer y tiempo de morir...
tiempo de matar y tiempo de curar...
tiempo de endechar y tiempo de bailar...

Eclesiastés 3: 1-4

I

Piedra ciega quebrada como hombre
rota como mujer abierta en los costados
derrumbe de piedras
tierra asombrada reducida a mis palabras
ultrajada por el engaño y el olvido
ciudad erguida una tarde destrozada
arrepentida del aire y de su presencia
maligna enferma manchada
ciudad piedra levantada como gemido de amor
poseída en nuestra sangre
tanta piedra que brota en desorden
que mis sueños golpean hasta quedar desnudos
desenterrados del sueño
del grito nuevamente ancestral
lucha y voz sujetas a nosotros como en esta plaza
tanta piedra sujeta a la piedra

II

Sepulcro desgarrado
que lastima mis ojos y mi voz
puñales fusiles deshechos
en las armas indefensas de los cuerpos
tiempo de muerte
que removió las piedras para dejarlas como nosotros
fundiendo el sonido de este antiguo despertar
ciudad que nos llamó a ocultar la fuerza
tanta piedra que le brota de los labios los dientes
la boca la garganta las manos
tanto grito petrificado en la tierra
la ciudad la piedra los costados el silencio de fuerza
en los ojos en la noche que ahora veo
una quieta ciudad en la respiración
como bestia que acecha contenida
esperando salir gritar arrasar demoler
matar tanta muerte nuestra

III

Estoy erguido sobre mí

sobre mis manos sobre mi boca

dentro derrumbado en nosotros como sueño y recuerdo

tanta piedra que siento correr dentro de mí

grito que me estalla los ojos

para no perderme de vista como no se pierde esta ciudad sin recoger

estoy erguido sobre mis hombros sobre las piedras

camino pienso contemplo

pero cuánto pesa la voz

cuánto queman estallan las venas

cuando siento que estoy en la tierra de tu cuerpo

en la tierra de nuestra muerte nuestra

erguido callado defendido

en esta tierra amigo amiga

estoy en la tierra de tu cuerpo de tu cuerpo

IV

Levanta el templo sus piedras
como aire aullidos cascajos lanzados
el inútil vaho envejecido seco en los muros de la huida
la angosta cárcel de la campana
                              torre derruida
boca abierta que muerde ensimismada el aire
sin hablar sin sentir
y dentro el metal sin retumbar sin tañer sin destrozar

Y mientras te abrazo amiga
caes muerta en mi cuerpo en mi tiempo
caes perdida en el eco de mis oídos el eco de tu abrazo
deja acariciar tus ojos como campanas eternas
el templo masacrado incinerado que resuena en tu cuerpo

V

Tanto amor lastimado al correr entre las piedras
al correr entre nuestros costados abiertos
entre nuestra piel llena de nosotros
nuestra piel llena de nosotros

VI

Todo quedó en esta plaza
nuestro amor en las piedras otra noche derrumbada
el silencio vela como ataúd madre y hombre
entre las botas y escupitajos de las escoltas

y la vida se ensucia
escondida en los edificios
con el afanoso mendrugo
que nos queda del amigo que no alcanzó a huir

Todo quedó en esta plaza:
la piedra inmemorial del sacrificio
sacerdotes que olvidaron la pureza
y ciegamente buscan nuestro corazón:
sacrificado sin astucia
espontáneo y atraído por el placer antiguo de la guerra florida
ahora conoció el engaño y la pureza
germinará en la sangre la flor de la desconfianza

Todo quedó en esta plaza
tantas piedras lastimando el aire
tanta piedra que oyó el múltiple estertor
de muchachos y quedó en su raíz
la amargura y la dulzura de este silencio

(la luz precipitada en el cielo me descubre

y el afecto del día llega al dolor a través de la mirada

imposible olvidar

imposible quedarse muerto)

V

ELEMENTOS

1

ANOCHECE. La humedad quiere renacer.
Y se abren las márgenes útiles del corazón
para recibir el abrazo de la lluvia
buscando calor entre las goteras.
Es la lluvia, la niña lluvia
que entra en este barrio sin saber que hiere,
buscando la voz de los niños con frío, con risa;
buscando el olor del alcohol entre el aliento de los adultos;
buscando el olor a tierra y a basura
entre los hombres que duermen,
y la lluvia no sabe que moja,
no sabe que nos lastima, no sabe quiénes somos.

2

Quiero saber si saldré igual que todas las mañanas.

Si bajaré la escalera de mi casa y caminaré por la acera

con el sabor del café negro en la boca,

con la amargura dulce del cigarrillo en los labios,

pensando ya en lo que no haré,

pensando ya en lo que dejaré para mañana.

A cada momento la espero.

Busco reconocerla,

encontrarla por fin con todas las fuerzas de mi vida,

saber cómo es.

Hoy no me aflige la tardanza.

La ciudad es así: se demora y se apresura.

¿Es aquella que acaba de pasar?

¿Es ésta?

Mejor descansaré, sí.

Permaneceré acostado todo el día,

esperando,

porque siento que desde hoy le soy infiel,

siento que estoy a punto de engañarla.

3

Toma esposa, desnúdala, come;
llora, desvístete, sé dulce;
besa la carne, ríe,
abrasa tu alimento,
sacude cuanta harina reposa;
todo es una mujer, un pan,
destroza el pan y comparte
un cráneo, un seno, una pierna, un pedazo de espalda;
hurga, hermano, hurga y olvida,
no importan las condiciones,
no importa tu pan, las diferencias, las costumbres,
estamos en familia, todos somos familia.

4

En este eco de nosotros,
en este grito
que forma la carne,
hay una lujuria que nos combate,
una redención que aniquila,
un ser intacto
que se obstina en no ceder a ninguno,
en no amar, amor mío, en no ceder.

5

Ahora, amor, detén tu caricia, tu paz,
mira esta calma que nos busca y nos amenaza,
que se ilumina para no castigarnos.
Un amo lejano remueve las brasas
y dispone el fuego transformado;
una corriente nos disuelve y ama,
una emoción se cristaliza en el espacio
y una rotación gradual,
un soplo de planetas refresca los pies
y prepara una larga lucha de caricias, de danzas.

6

Más alto, amada, más alto,

con esta sed.

invadiéndonos entre esta sed,

mis manos asombradas en tu piel, tu cuerpo,

el semen que se ilumina como la conciencia.

Más alto, amada, más alto,

hasta que mis lágrimas sacudan la raíz endeble de la mirada

y tus palabras curen la llaga del poema que no he escrito.

Hasta que el lecho se incendie y se humedezca como una lava

y consuma lo que no esté a la par de su furor,

que nos abrasa y renueva con su círculo crucificado.

Hasta que el águila se estrelle en el aire,

en el espejo purísimo del vacío,

hasta el cristal que se rompe por la frialdad y el poder

mientras conozco la humana virtud en tu pubis,

como joven águila posada en la peña cardinal.

Más alto, amada, más alto,

estar aquí, confundiéndome,

cuando en mi piel, mi costado, mi pecho, mi cuello, mi frente

aparece con fiebre el sudor:

el agua triste de mi finitud,

la miel resinosa a lo largo de mi cuerpo atareado y puro,

en toda la encina reciente y antiquísima de nuestro esplendor.

7

Ahora, cuando la resurrección de esta noche prosigue,
cuando lo olvidado nos recuerda y volvemos a amar,
escucho los pasos que acercan a tu cuerpo,
los hilos luminosos que te siguen
cuando asciendes en mí como otra sangre,
preñada de lo que existe y de lo que no existe,
como la esperanza.
Deja sentir el regreso de la carne,
resucitar en la profunda superficie del cuerpo
la efímera eternidad de nuestra vida,
intratable con el alma.
Déjame hallarte en esta luz de espejos,
en nuestra dolorosa luz:
es un grito luminoso que recorre la carne,
un astro que estalla entre las manos, bajo las caricias,
amor que como un sol se pone tras la vida
y que en mi silencio y mi carne atormentada
vuelve a nacer.

Citerea

Oh Ella:

la bienevocada,

la de la furia y el arrepentimiento,

la ramera de dulzuras,

la más bella de todas las soledades

(oh Citerea: la diosa,

me lastima la dulzura,

me lastima cada resurrección, cada placer),

la desnuda, la quieta, la incesante,

la que despierta debilitada por el amor,

la sofocada, la sedienta sólo de sentir,

la de infinito lecho

                e infinito recuerdo,

amada con furia y sin embargo intacta,

la efímeramente saciada y sin embargo eterna

como la espuma del mar,

la diosa de los muslos,

la diosa de la respiración

(oh mi tenacidad, mi conciencia),

la diosa de los dioses,

la puta,

Citerea,

oh Ella:

¿no ves que la danza me hiere la carne, los ojos, el pensamiento?

Aturdido, lleno de placer,
como una flor que apenas el viento roba
despierto nuevamente ajeno a tu permanencia.
Oh Citerea, Citerea,
cuán dulce locura me despedaza y me hiere de palabras la carne,
el desvanecimiento en que caigo y me duelo,
a solas, en el contacto,
en la fatiga de ser yo,
diosa,
cuán dolorosamente danzas en mi alma,
despintando su suelo con tus pies desnudos,
cruel como el alba,
como el sueño en que me hundo,
oh tú, la de dulce mención,
la dulcemente hallada,
la pura,
la que al desnudarse
con la mirada se viste,
oh Ella.

Ever Since

Vida que se atavía entre alhajas ruinosas;
vida azorada que es hermosa a fuerza de mentir,
de escribir lo que las palabras le imponen,
mientras la esposa a mi lado ha muerto cada noche,
mientras se estremece la quietud oscura de la demencia y el alba
y desgarro mis párpados para limpiar lo que miro.
Vida que sólo estás en mí, resucitada,
desterrándose bajo los besos de cada mujer que señaló
en mi costado el sueño infinito de la serpiente.
Vida que encierra en el lúcido cuerpo mi continua caída:
rumbo marchito en la voz, poema enfermo, deplorable,
nadie repetirá su nombre ni pisará sus palabras,
nadie cortará de su árbol
frutos marchitos que con la mujer comemos.
Antes de volver a ti, vida, oh antes,
¿por qué no te contentas conmigo solo,
qué ruegos procuras oír si nadie te escucha,
si jamás a nuestros labios llegará otra raíz que no sea la nuestra?
Oh ven, ramera mía, habla, quiero oírte, deja cerrar los ojos, cierra
    los ojos,
perdámonos en el sueño como si nos amáramos desde todos los años.

Elementos

Deja quitarme la esperanza,

su impotente avaricia que destruye.

Mi camisa de sudor que se desgasta y me envejece.

Es demasiado saber cuál es la sinceridad de mi cuerpo,

las sinceras palabras que entre sí se oponen

impidiendo otra respiración a la carne,

hasta que mi carne envejezca con los deseos prendidos a ella,

inútiles y prodigiosos.

Soy en vano mi límite,

mi incesante tenacidad de vivir y morir;

una hoguera que se consume

aferrada a la madera de su fin, su castigo,

y que no se culpa, vanamente,

en medio de cenizas.

¿Para qué el arrepentimiento?

¿Para qué su isla posible?

El rumor que se vierte en lo diario,

sin saber lo que soy

o lo que quise ser

(mas ¿qué puedo ignorar de ello que me importe?)

La almohada en que escucho

la antiquísima serpiente de la premonición y el aroma

de los campos inclementes,

donde el espíritu estalla como la pureza

y repta con abismos y cielos en mis cabellos.

Quitarme el desamparo de mi mujer, mi amiga, mi desnuda,

la música que atruena en mi cerebro

con caballos fustigados,

los cascos lastimados de huida,

sudorosos, refulgentes como charcos coagulados

por los siglos de la especie.

La música, la angustia en los huesos

buscando una cuerda de mandolina

para dar su última e impotente rasgadura de vida,

como el ala destroza el viento, el mar,

y el espejo manchado, mentiroso, de los ojos.

Este llanto tan alto

como una oleada oceánica de cuerdas de aves,

una parvada inútil en su inútil emigración de instinto

que quiere arrancar el alma

y dejarla sola, huérfana de sentidos.

Este océano que conoce su marea, mi respiración,

mi tacto que se estremece,

mi interior colmado de puños que se oprimen

y me sujetan al instante.

El océano que en mi cerebro eleva su marea,

la resaca salada, áspera, estremecida,

        de sentirme vivo.

Y resisto el caudal innecesario

de un universo abriéndome, hiriéndome,

y busco comprender para siempre,

gritar, enardecerme para siempre,

quedar sólo en la fuerza de vivir,

enloquecer en esta voz, en esta angustia,

intenso como el agua o el fuego,

detenido como el viento,

besar, estrechar contra mí,

contra mi corazón irreparable,

la tierra, el cuerpo bienamado

        atormentándose en el amor,

la furia de comprender,

de enardecer, muerto, vivo, para siempre.

ÍNDICE

IV

ELEGÍA DE TLATELOLCO (1968)

V

ELEMENTOS

235

Este libro se acabó de imprimir el día
20 de diciembre de 1978 en los talleres
de Gráfica Panamericana, S. C. L., Pa-
rroquia 911, México 12, D. F. Se tiraron
3 000 ejemplares y en su composición
se usaron tipos Bodoni de 10:16 y 8:10
puntos. Cuidó la edición el autor.

Nº 1865